Texte original de Roger Diévart
Illustrations de Pierre-Marie Valat

*Conseil éditorial :*
*Professeur Émilie Cunin et professeur Roger Diévart,*
*Université Paris VII, membres du Comité national d'hygiène*
*et de santé bucco-dentaires.*

*Conseil pédagogique :*
*Madame Braichet-Moerel, présidente nationale*
*de l'Association Générale des Instituteurs et Institutrices*
*des Écoles et Classes Maternelles Publiques.*

*ISBN : 207050420-4* 
*Dépôt légal : septembre 1996. N° d'édition : 78007*
*Loi n° 49-956 du 16 juillet 1949 sur les publications destinées à la jeunesse*
*Imprimé à la Editoriale Libraria en Italie*

GALLIMARD JEUNESSE

# Des dents pour mieux croquer



DECOUVERTE BENJAMIN

**Que voit-on d'abord quand tu souris ? Tes dents !**

Elles sont jolies, mais surtout utiles. Elles servent à mordre, à grignoter, à couper, à saisir, à déchirer, à rogner, à broyer... à manger ! Les animaux portent souvent leurs petits entre leurs dents.

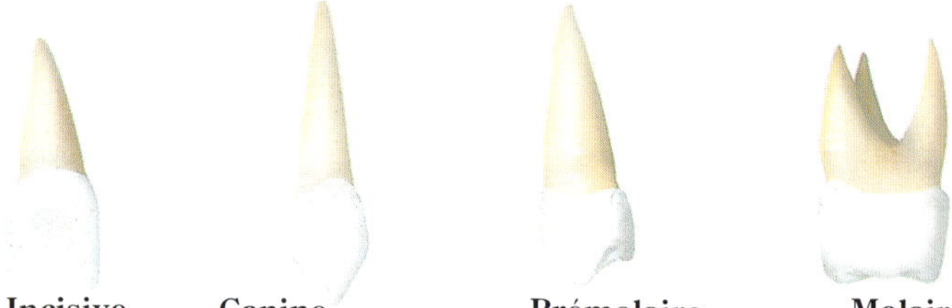

Incisive Canine Prémolaire Molaire

**Les dents n'ont pas toutes la même forme ni le même rôle.**

Les incisives sont coupantes comme des ciseaux. Les canines sont pointues. Elles déchirent les aliments. Les molaires sont larges et plates. Elles servent à mastiquer.

C'est avec les incisives placées juste sur le devant que tu croques une pomme.

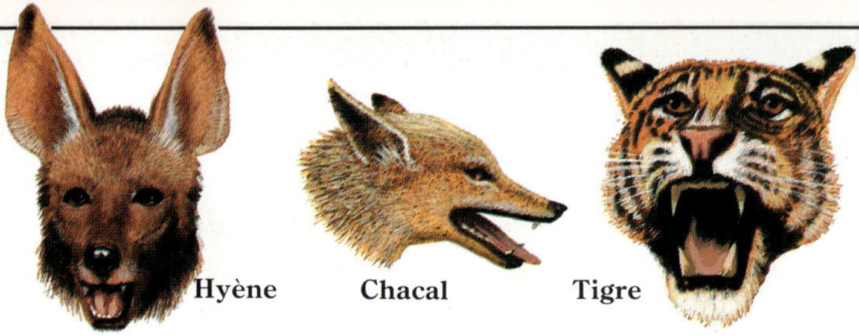

Hyène Chacal Tigre

**Certains animaux ont des dents plus développées que d'autres.**
Chez les animaux mangeurs de viande, les carnassiers, ce sont les canines : leurs crocs sont pointus et

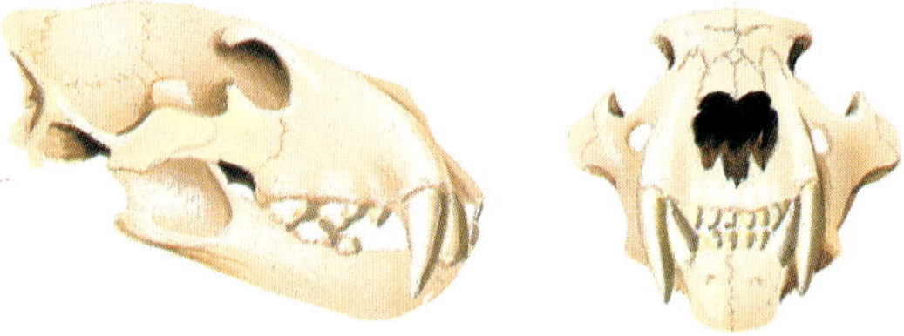

Crâne du lion vu de face et de profil. As-tu remarqué l'importance de ses canines ?

coupants comme des poignards. Quand la lionne bondit sur sa proie, gazelle, antilope ou zèbre, elle la tue d'un coup de dent. C'est elle qui chasse pour toute la famille. Le mâle se sert en premier, les lionceaux puis la lionne se nourrissent après lui. C'est en se montrant les dents que les mâles rivaux expriment leur colère. Bientôt, ils vont se battre et utiliser leurs dents pour attaquer et se défendre.

Les incisives du lapin n'arrêtent pas de pousser. Mais comme il grignote tout le temps, elles s'usent aussi vite qu'elles poussent. Voici ce qui arriverait si ses dents ne s'usaient pas.

## Les longues incisives des rongeurs.

Elles leur permettent de grignoter des feuilles, des racines ou des écorces.

**Le raton-laveur, le surmulot, le cochon d'Inde et le porc-épic sont des rongeurs.**

## Les castors sont des bûcherons.

Pour construire leurs barrages et leurs huttes de branchages, ils rongent le tronc des arbres. Avec leurs incisives, ils détachent des copeaux de bois. Quand le tronc est entaillé, le vent abat l'arbre.

Coupe du crâne du lapin montrant la longueur de ses incisives.

**Les molaires.**
Chez certains mammifères elles ont un rôle important. Elles fonctionnent comme des meules qui écrasent les aliments.

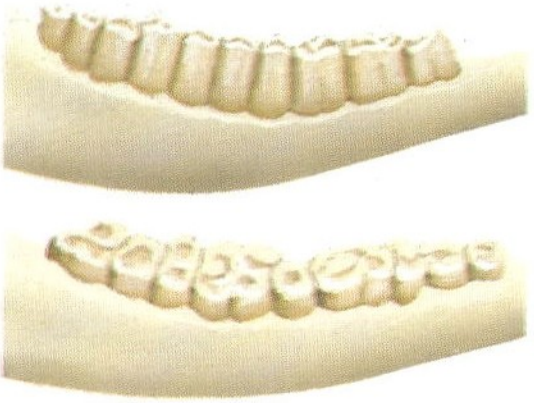

Molaires d'un jeune cerf et d'un vieux cerf.

Le cerf est un ruminant.
Il avale très vite l'herbe ou les écorces puis il les fait remonter de son estomac pour les mastiquer et les broyer longuement entre ses molaires.

## Les molaires s'usent-elles ?

A force d'écraser les aliments, les molaires peuvent devenir toutes râpées. Chez l'éléphant, lorsqu'elles sont usées, les molaires tombent et sont remplacées par de nouvelles, six fois dans sa vie. Le cheval, lui, fait bouger ses mâchoires de gauche à droite pour broyer les aliments entre ses molaires. C'est en les observant que l'on peut connaître son âge : plus elles sont râpées, plus il est vieux.

Voici une molaire d'éléphant à côté de celle d'un homme.

Les piranhas sont voraces. Ils se mangent entre eux et s'attaquent même aux hommes.

## Les poissons aussi ont des dents.

Observe chez le poissonnier celles du colin, de la sardine, du bar...

Elles sont fines et pointues.

La sole

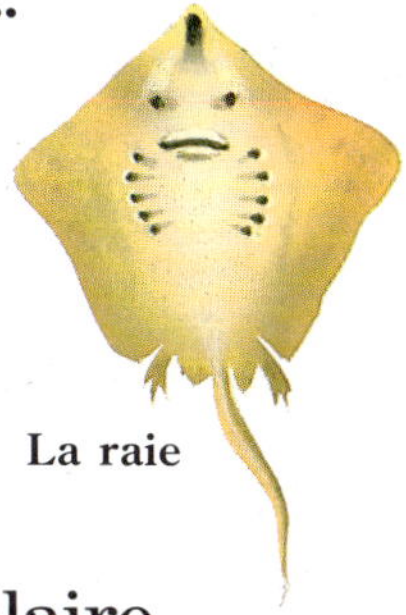

La raie

## Les terribles dents du requin.

Elles ont une forme triangulaire et sont coupantes comme des rasoirs. Elles sont fragiles mais peu importe : lorsqu'elles tombent, d'autres petites dents sont là, prêtes à se redresser, grandir et remplacer les dents manquantes.

Crâne de truite montrant ses nombreuses dents fines et recourbées vers l'arrière.

## Comment les serpents capturent-ils leurs proies ?

Le crotale ou la vipère mordent avec leurs crochets : des sortes de dents. D'autres encore immobilisent leurs proies en les empoisonnant. Leurs crochets fonctionnent alors comme la seringue du médecin. En mordant, ils injectent du venin. La morsure du serpent-minute tue en peu de temps. Celle de la vipère n'est pas mortelle si on la soigne à temps. Quant au boa qui n'a pas de crochets, il s'enroule autour de sa victime et l'étouffe. Puis les serpents avalent tout rond, puisqu'ils ne peuvent pas mâcher.

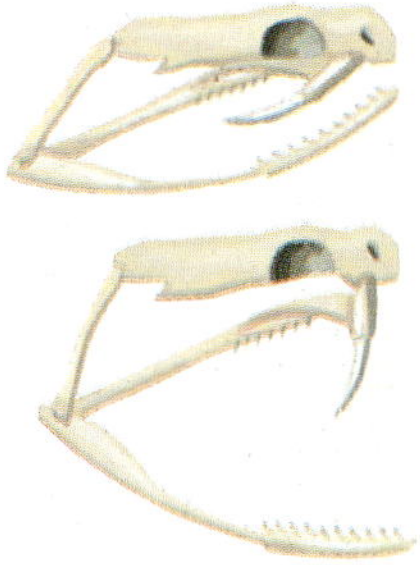

**Les crochets de la vipère se dressent en cas d'attaque puis se rangent vers l'arrière au repos.**

**Ce serpent africain est un mangeur d'œufs. Il n'a pas de crochets mais ses vertèbres du cou, munies de petits os pointus, scient et cassent les coquilles.**

Les défenses de morse sont des canines qui servent de crampons pour se déplacer sur la glace et de pioche pour déterrer les coquillages dans la vase.

## Les défenses : de drôles de dents.

Celles de l'éléphant sont les deux incisives supérieures. À deux ans, il possède des défenses de lait qui tombent. Les vraies défenses apparaissent ensuite. Elles pèsent 50 kilos environ.

## À quoi servent les défenses ?

Les éléphants les utilisent pour attaquer, se défendre, fouiller le sol et trouver des racines ou pour porter des troncs d'arbres qu'ils coincent avec leur trompe.

Les défenses du sanglier sont tranchantes et coupantes. Elles lui servent d'outil ou d'arme.

1
2

## Et comment font les animaux qui n'ont pas de dents ?

Les oiseaux ont un bec. Celui du bouvreuil est gros et solide pour décortiquer les pommes de pin ; celui du martin-pêcheur est long pour attraper les poissons ; celui des rapaces comme l'aigle (1) ou le faucon-pèlerin (2) est fort et recourbé pour déchiqueter les grosses proies.

Pelote recrachée par la chouette hulotte.

## Les oiseaux avalent sans mâcher.

Pour vider leur gosier, ils recrachent tout ce qu'ils n'ont pas digéré : des pelotes de débris d'os, de poils... Les poules picorent sans arrêt graines et cailloux. Dans leur gésier, les cailloux broient les graines, ce qui aide la poule à digérer.

## La langue joue parfois le rôle des dents.

Celle du caméléon a la forme d'une massue. Elle frappe les insectes et les colle grâce à sa salive gluante. Celle du crapaud, très longue, fixée à l'avant de la bouche, se projette en un clin d'œil pour attraper les proies.

L'escargot possède une radula, sorte de râpe qui se déplace d'avant en arrière.

**Le tamanoir est un édenté. Il a un museau d'où sort une longue langue gluante.**

Avec ses pieds couverts de ventouses, l'étoile de mer écarte l'ouverture des coquilles Saint-Jacques. Elle introduit son estomac sur le corps mou du coquillage et l'avale. Le crabe, le homard... ont de grosses pinces qui écrasent les proies. La baleine a de longues lamelles plates et poilues en travers de sa bouche : les fanons. Ils filtrent l'eau et retiennent les algues.

Crabe

La bouche de l'hippocampe fonctionne comme un aspirateur.

1
2
3
4
5
6

## Qu'y-a-t-il dans une dent?

Ce que nous voyons est l'émail blanc (1), brillant, plus dur que l'os. Il protège la dent des chocs, du froid, du chaud. En dessous, l'ivoire (2) abrite la pulpe (3), un tissu mou où circulent les vaisseaux (4) qui nourrissent la dent, les nerfs (5) qui font parfois souffrir. Comme l'arbre planté en terre, la dent s'enracine dans la gencive (6) et se loge dans l'os des deux maxillaires.

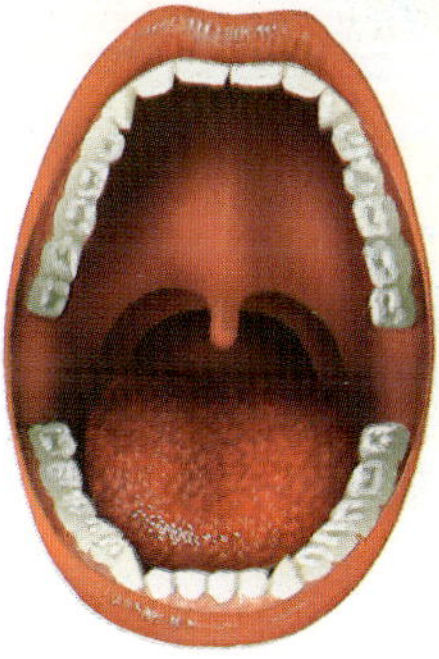

La bouche

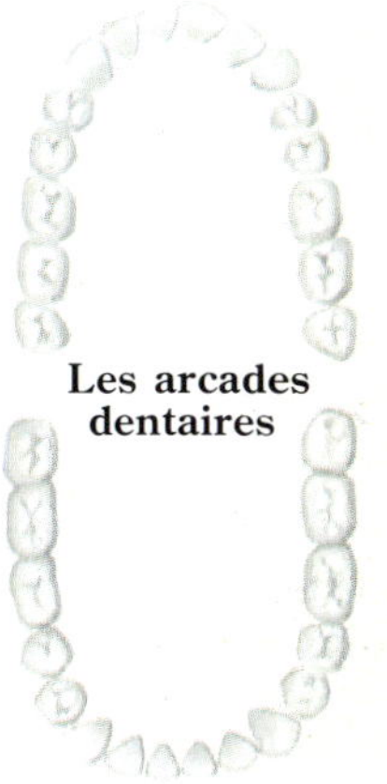

Les arcades dentaires

## La bouche est une drôle de caverne :

Au-dessus, le palais et au fond, la luette. La langue roule la nourriture et l'envoie au fond de la gorge.

Les dents sont fixées sur les os des mâchoires. Le maxillaire supérieur est immobile, celui du bas, mobile.

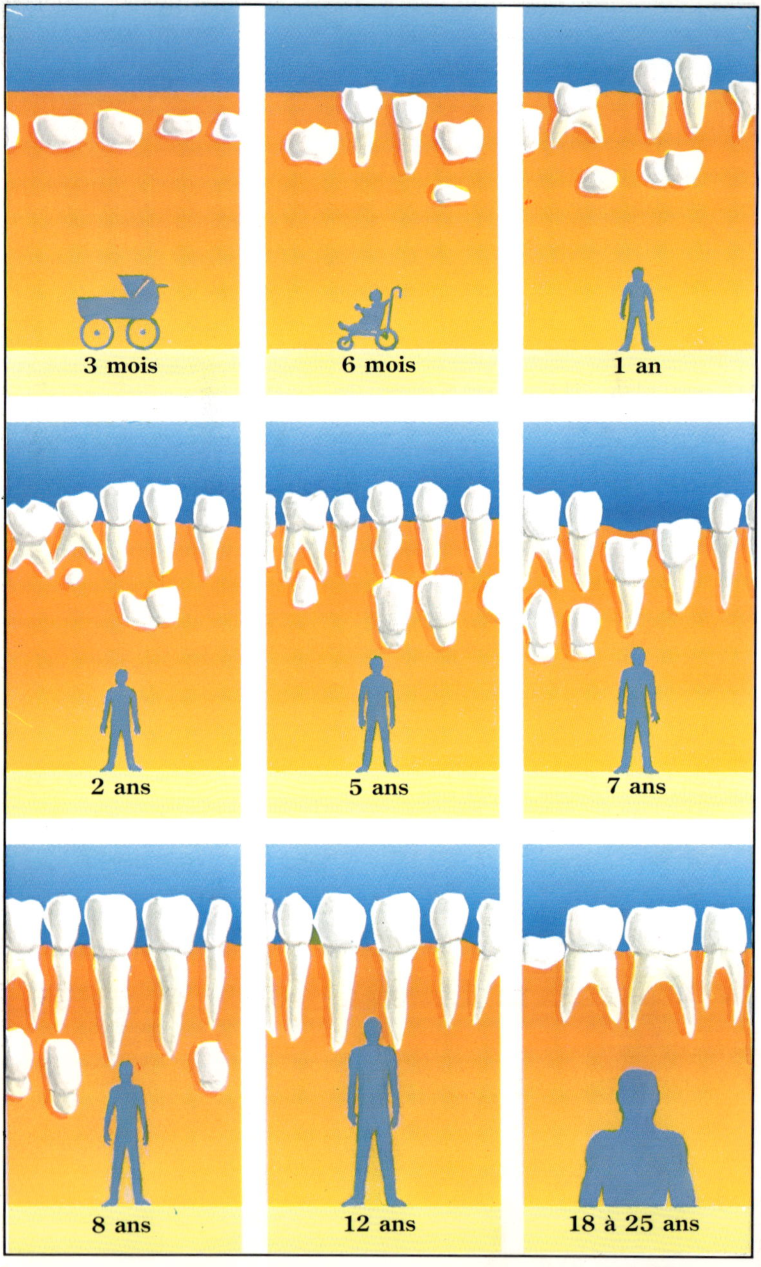
3 mois
6 mois
1 an
2 ans
5 ans
7 ans
8 ans
12 ans
18 à 25 ans

## Les premières dents.

Un bébé à la naissance n'a pas de dents. Vers six mois, ses petites joues sont rouges et il pleure souvent. La première dent apparaît : une incisive du bas. À deux ans et demi, l'enfant possède vingt dents. On les appelle des dents de lait car elles tombent ensuite, entre six et onze ans. Cela ne fait pas très mal. Elles s'en vont d'elles-mêmes.

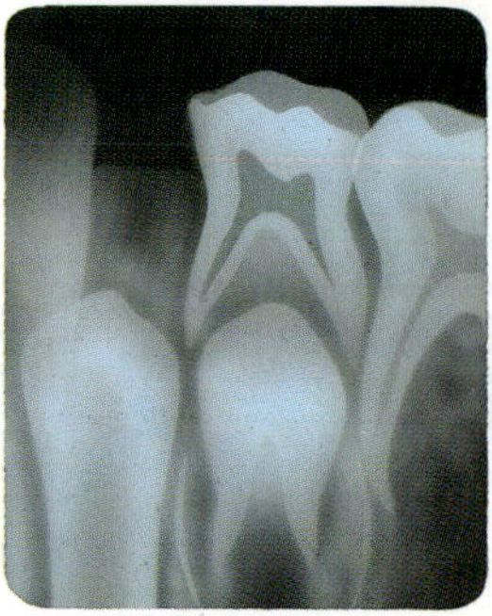

**La radiographie montre ce que les yeux ne peuvent voir : la dent définitive sous la dent de lait.**

## Des dents pour toute la vie.

Au-dessous de chaque dent de lait, se trouve une dent de remplacement prête à sortir.

Vers 18 ans, apparaissent en dernier les grosses molaires du fond, les dents de sagesse.

Un adulte a 32 dents : 8 incisives, 4 canines, 8 prémolaires, 12 molaires.

## Comment soignait-on les dents autrefois ?

Il n'y avait pas de dentiste, mais un arracheur de dents qui travaillait dans les foires au son de la musique pour couvrir les cris des malades.

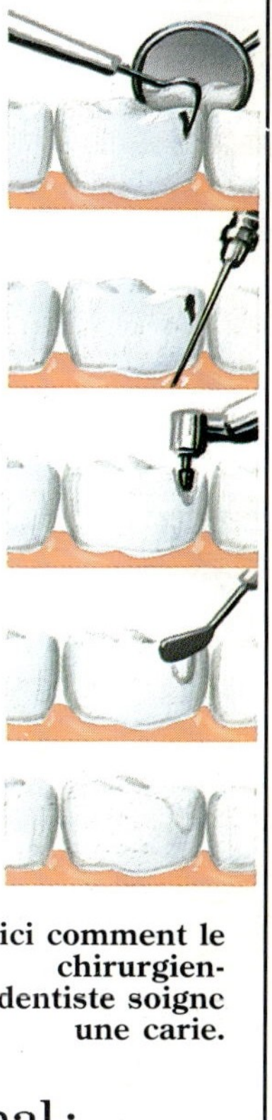

Voici comment le chirurgien-dentiste soigne une carie.

## Quand faut-il aller chez le chirurgien-dentiste ?

Au moins une fois par an pour s'assurer que tout va bien, ou quand la dent est sensible au chaud ou au froid car une carie est en train de se former. Si la pulpe est attaquée, on peut avoir très mal ; c'est la rage de dents.

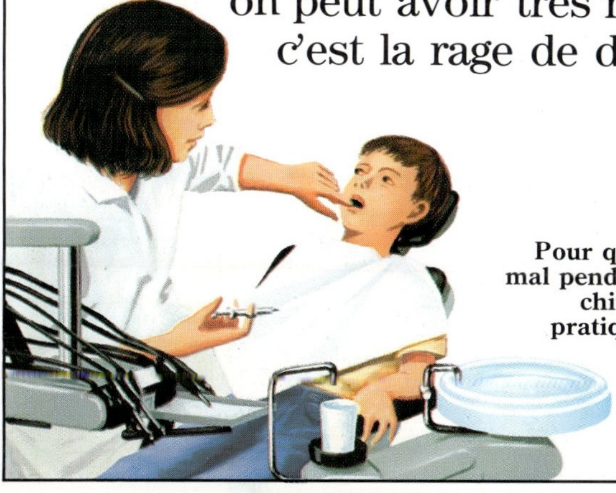

Pour que tu n'aies pas mal pendant les soins, le chirurgien-dentiste pratique souvent une piqûre qui rend la dent insensible.

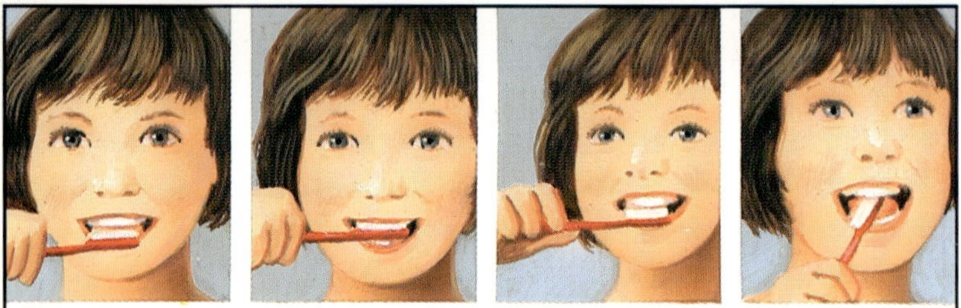

## Comment faut-il se brosser les dents ?

Frotte tes dents du rose vers le blanc, devant et derrière pendant au moins trois minutes.
Rince-toi la bouche plusieurs fois. Se brosser les dents matin et soir, c'est bien, après chaque repas, c'est idéal.
Les dents comme les os croissent jusqu'à l'âge de 18 ans. C'est pourquoi il faut veiller à leur apporter une

**Le crocodile a de drôles de brosses à dents : quand il ouvre grand la gueule, des petits oiseaux viennent picorer la nourriture logée entre ses dents.**

**Tout cela est très bon pour tes dents : l'eau, le poisson, les épinards qui contiennent du fluor, le lait, le beurre, le fromage, les œufs... qui contiennent du calcium, les fruits frais et les légumes qui contiennent de la vitamine C.**

bonne nourriture : fruits, légumes et surtout lait et fromages qui renferment du calcium, excellent pour rendre les dents plus résistantes.

## Le sucre : le grand ennemi des dents.

Avec la salive, le sucre se transforme en acide qui attaque l'émail et provoque des caries. Le soir, après avoir brossé tes dents, ne suce plus de bonbons !

**N'imite pas l'écureuil ! tes dents n'y résisteraient pas !**

**Couper du fil avec les dents, croquer des glaces... c'est très mauvais pour les dents.**

**Jeu esquimau en défense de morse.**

## Il y a très longtemps, les hommes se servaient beaucoup plus de leurs dents que nous.

Ils ne mangeaient pas de sucres et n'avaient pas de caries. Leurs dents étaient très solides, ils dévoraient la viande crue.

**Masque africain sculpté dans l'ivoire d'une défense d'éléphant.**

## Des mâchoires en guise d'outils ou d'armes.

Les hommes préhistoriques chassaient avec des mâchoires d'animaux. Des canines aiguisées leur servaient de tranchants.

**Chez certains peuples, les dents servaient de jeux, mais aussi de porte-bonheur, de bijoux comme ce collier tahitien en dents de requin et en plumes.**

## **Connais-tu ces expressions qui renferment le mot "dent"?**

"Avoir la dent dure" c'est dire du mal des gens et être très sévère.

"Prendre le mors aux dents" veut dire s'énerver pour un rien.

"Ne rien avoir à se mettre sous la dent" veut dire ne rien avoir à manger.

"Avoir une dent contre quelqu'un" veut dire être très fâché avec cette personne.

"Être sur les dents" c'est être très fatigué.

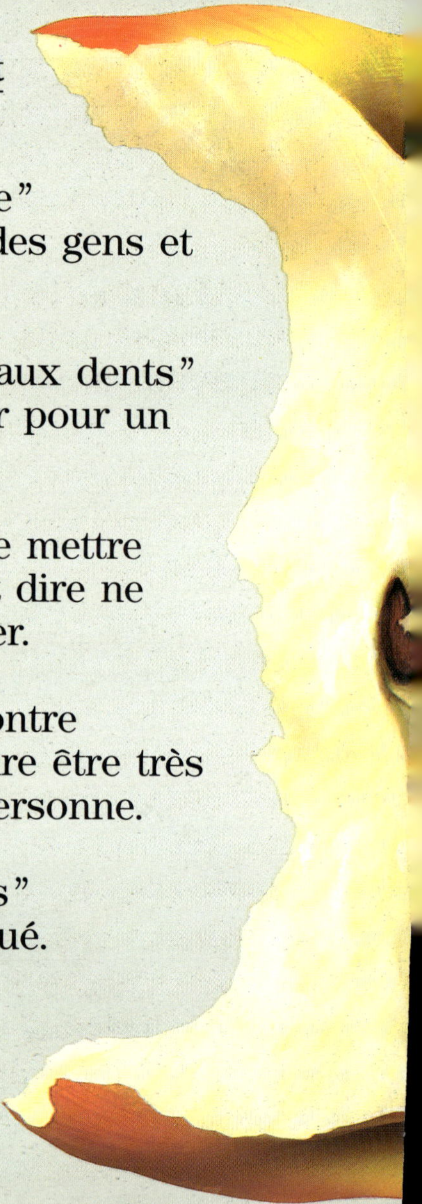

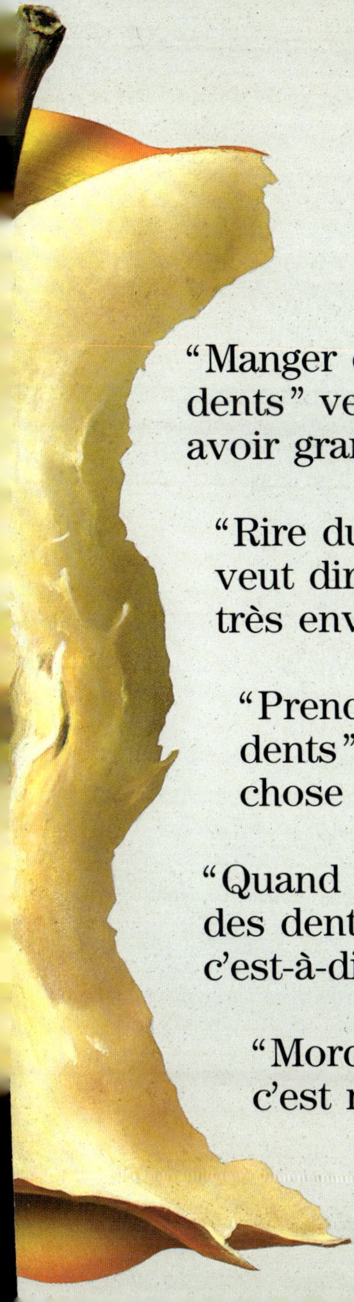

"Manger du bout des dents" veut dire ne pas avoir grand appétit.

"Rire du bout des dents" veut dire rire sans en avoir très envie.

"Prendre la lune avec les dents" c'est tenter quelque chose d'impossible.

"Quand les poules auront des dents" c'est-à-dire jamais !

"Mordre à belle dent" c'est manger de bon cœur.

Il était une fois une petite fille nommée Le Petit Chaperon Rouge. Elle alla rendre visite à sa grand-mère qui était malade. Elle partit seule, un panier de provisions au bras.

"Ne quitte pas le sentier" lui dit sa maman. "Et ne t'arrête pas en chemin."

La grand-mère habitait une petite maison au milieu de la forêt.

"Bonjour, Chaperon Rouge" dit une voix qui sortait de l'ombre. "Où vas-tu de ce pas ?"

"Je vais chez ma grand-mère, lui porter de

la galette et un pot de beurre."
Et tu connais la suite de l'histoire. Le loup arrive le premier chez la grand-mère, la dévore, s'installe dans son lit avec sa chemise et son bonnet de nuit.
Voilà la petite fille, très étonnée de ne pas bien reconnaître sa grand-mère.
"Oh ! grand-mère, que vous avez de grandes dents !"
"C'est pour mieux te manger mon enfant !"...
Rassure-toi. Tout finit bien. Le loup n'a pas gagné la partie !